L16 56
1955

L'ECHÉANCE DE 1869

LETTRE
SUR LES
PROCHAINES ÉLECTIONS
GÉNÉRALES

À très-grande et très-noble dame GAZETTE DU MIDI

PAR

Adolphe ROYANNEZ

Ex-rédacteur de feu la *Voix du Peuple*

Prix : 50 Centimes

MARSEILLE

Typographie Jaurez, 16, rue de l'Olivier
LIBRAIRIE COMMERCIALE, RUE VACON, 48
Et chez les principaux libraires

1869

L'ÉCHÉANCE DE 1869

LETTRE

sur les

PROCHAINES ÉLECTIONS GÉNÉRALES

L'ÉCHÉANCE DE 1869

LETTRE

SUR LES

PROCHAINES ÉLECTIONS
GÉNÉRALES

A très-grande et très-noble dame GAZETTE DU MIDI

PAR

Adolphe ROYANNEZ

ex-rédacteur de feu la *Voix du Peuple*

Prix : 30 Centimes

MARSEILLE
Chez l'auteur, 49, rue de l'Olivier
A L'IMPRIMERIE COMMERCIALE, RUE VACON, 48
et chez les principaux libraires.

—

1868.

L'ÉCHÉANCE DE 1869.

LETTRE
SUR LES
PROCHAINES ÉLECTIONS
GÉNÉRALES
A très-grande et très-noble dame GAZETTE DU MIDI.

Maison d'Arrêt de Marseille, le 13 Juin 1868.

Très-chère et très-vénérable dame GAZETTE,

A en juger par la lecture des quelques journaux autorisés à franchir le seuil et la grille de ma prison, l'opinion publique, réveillée et stimulée par ses divers organes, paraît enfin se préoccuper sérieusement de l'échéance de 1869, si impatiemment attendue par tous les esprits libéraux, désireux de voir la France prononcer un solennel verdict sur le système politique auquel elle est soumise depuis le coup d'Etat du 2 décembre 1851.

Vous même, chère dame, rivalisant de zèle et d'ardeur avec vos confrères, vous commencez, — dans votre numéro du 6 courant, que je reçois à l'instant et par hasard — vous commencez, dis-je, vos préparatifs de combat, vous posez les bases de votre plan stratégique et vous dressez vos batteries.

C'est très-bien, et — quelles que puissent être, d'ailleurs, la profondeur et l'étendue de l'abîme creusé entre nos convictions respectives — je ne puis qu'applaudir à votre prévoyance. Il ne faut pas, en effet, attendre au dernier moment pour entrer en campagne.

En fait, sinon en droit, la lice est ouverte depuis que les feuilles officieuses, dévouées à la politique gouvernementale, ont laissé entrevoir la probabilité d'une prochaine dissolution du Corps législatif, et la lutte électorale, au moins en ce qui concerne les idées, peut être entreprise dès aujourd'hui.

Il faut que chaque parti, chaque groupe, chaque individualité même, descende résolûment dans l'arène, dise franchement et loyalement sa façon de penser, ses préférences, ses antipathies, ses désirs et ses volontés. Il y a là, pour tous, un devoir de patriotisme à remplir, et de quelque part qu'elle vînt, l'indifférence — je ne dis pas l'abstention (1) — l'indifférence serait coupable, car la question appelée à être débattue entre les électeurs et le Gouvernement est, pour le peuple, une question de vie ou de mort.

En effet, suivant que le résultat général pourra se traduire en un blâme ou en une approbation de la conduite passée du Pouvoir, la France verra s'ouvrir devant elle l'ère bienheureuse, depuis tant d'années promise et sans cesse retardée, de la paix et de la liberté, ou se trouvera replongée plus avant, pour longtemps encore, sous le régime du sabre et de l'arbitraire.

La lutte intéresse donc tous les citoyens, à quelque degré de la hiérarchie sociale qu'ils appartiennent ; et chacun de nous a, non-seulement le droit, mais encore le de-

---

(1) L'abstention est encore de l'action, mais à la condition d'être constatée par le dépôt d'un bulletin blanc, dans l'urne électorale.

voir, de prendre part à la mêlée, et c'est ce que, à défaut de journal, je me propose de faire, quant à moi, dans la présente brochure.

Vivant actuellement dans une retraite forcée ; loin du bruit, des cancans, des passions et des mesquines chicanes des coteries ambitieuses ; complètement désintéressé, au point de vue personnel, puisque je ne suis plus électeur ; n'ayant aucune mission de proposer, de préconiser ou de faire prévaloir un candidat quelconque, je me crois, à cette heure, en position d'envisager cette grave et capitale question électorale avec toute l'indépendance, toute la maturité qu'elle requiert de la part des vrais amis de la liberté, et ce que je vais vous dire ici, honorable *Gazette*, sera l'expression nette et sincère de ce que je pense, au sujet de la tactique à suivre, par les divers partis, dans les circonstances présentes.

Et d'abord, puisque je parle de netteté et de sincérité, je commence par déclarer que, n'eussé-je pas perdu mes droits électoraux, je ne voterais pour personne et me bornerais à déposer un bulletin blanc, attendu que, d'une part, mes convictions intimes, foncièrement républicaines, me commandent l'abstention la plus absolue, et que, d'autre part, je ne fonde aucun espoir quelconque, si petit soit-il, sur la prétendue vertu révolutionnaire d'une opposition assermentée, dite constitutionnelle.

Mais, comme je sais que cette manière de voir, jugée trop radicale, taxée même de folie par une grande partie des démocrates, n'a pas chance de rencontrer un nombre d'adhérents assez considérable pour donner au dépôt des bulletins blancs le caractère d'une imposante manifestation nationale ; comme je sais, en outre, que la majorité des électeurs désire et entend user de son droit, en nommant des députés, et comme je reconnais que, dans les questions électorales, il faut quelquefois savoir se résigner et se soumettre à une certaine discipline, je vais me placer sur le terrain de la majorité démocratique, et examiner, de là, dame *Gazette*, s'il y a lieu, oui ou non, de répondre à l'appel fait à l'opinion publique, par le *correspondant* et par vous, pour la constitution « d'un grand et *honnête* parti d'opposition *libérale.* »

Mais, auparavant, laissez-moi vous dire que, si j'avais encore le droit de voter et si je me décidais à user de ce droit, je voudrais le faire en faveur d'une candidature ouvrière. Il est temps que les travailleurs — qui forment la grande majorité, la partie la plus utile, celle qui supporte toutes les charges, qui fait la force, la richesse et la gloire de la nation — il est temps, dis-je, que les travailleurs soient enfin représentés, au moins par quelques uns d'entre eux, au Corps législatif, pour défendre leurs intérêts et leurs droits.

Pourquoi le département des Bouches-du-Rhône, qui a quatre députés à élire, ne nommerait-il pas *un* ouvrier ? Demander *un* député travailleur sur *quatre*, il me semble que ce n'est pas être trop exigeant, et la bourgeoisie serait indignement égoïste, si elle repoussait une telle idée.

Puisque les ouvriers ont toujours voté et voteront encore pour les bourgeois, ceux-ci, à leur tour, peuvent bien voter un peu pour les ouvriers. Toute la question se borne à savoir s'il se trouve, à Marseille, un travailleur qui puisse ou veuille accepter le mandat législatif.

C'est là, il est vrai, une question qu'il ne m'appartient pas de trancher, mais que le corps électoral peut parfaitement résoudre et doit même étudier sérieusement, pour n'adopter, toutefois, l'affirmative, que dans le cas où, les divers comités démocratiques étant parvenus à s'accorder sur le choix d'un ouvrier, la candidature de celui-ci offrirait des chances presque certaines de succès. Il ne faudrait pas, je crois, exposer une telle candidature à un trop grand échec. Ce serait — je le crains — compromettre, pour l'avenir, la cause ouvrière. C'est dans un cas semblable que la réflexion, le calme, la tactique sont surtout nécessaires, et qu'il faut éviter soigneusement la précipitation et les coups de tête.

Mais c'est assez sur ce sujet — que je n'ai soulevé qu'incidemment — et je reviens à vos propositions de fusion.

Or, je ne vous le cache pas, aimable *Gazette*, votre appel a fait naître en moi certaines hésitations et certaines craintes, assez sérieuses, que je vous demande la permission de soumettre humblement à votre haute sagesse, dans l'espoir que vous voudrez bien, au nom de l'extrême charité évangélique qui vous caractérise, éclairer mon intelligence, dissiper mes doutes, faire cesser mes folles terreurs.

Ainsi, par exemple, je vous serai très obligé de me dire ce que vous entendez par ce « grand et *honnête* parti d'opposition *libérale*, » dont vous proposez la formation. Je vous le confesse très-sincèrement, je ne m'explique pas bien ce que signifient, sous la plume de votre rédacteur en chef, les deux mots que j'ai soulignés. Veulent-ils insinuer qu'un parti peut être *honnête* sans être *libéral*, ou qu'il peut, au contraire, être *libéral* sans être *honnête* ?

J'admets la première hypothèse, car je crois volontiers qu'il y a de très-honnêtes gens dans tous les partis, même dans celui de la résistance et de la réaction ; mais je repousse la seconde interprétation, car je nie qu'on puisse être libéral, sans être en même temps parfaitement honnête. Libéralisme et honnêteté doivent toujours marcher ensemble, et un parti qui, sans être honnête, se dirait libéral, ne serait qu'un parti d'imposteurs et d'escamoteurs. Serait-ce le vôtre ?

A vous parler net et sans détours, vénérable *Gazette*, je dois vous avouer que je me méfie singulièrement de votre « grand et *honnête* parti d'opposition *libéral*. » Cet assemblage de mots sur vos lèvres sonne mal à mes oreilles et ne me dit rien de bon.

Il ne faut pas que cela vous étonne, chère dame. Je me souviens de 1848, et j'ai bien un tantinet le droit d'être quelque peu méfiant.

Je n'ai pas oublié, en effet, qu'il y avait à cette époque, déjà lointaine et historique, un prétendu grand parti de l'ordre, qui, sous prétexte de république *honnête et modérée*, conspirait lâchement et traîtreusement contre les institutions républicaines ; et, malgré moi, — oh ! bien malgré moi, sainte *Gazette !* croyez-le, — j'ai peur que votre nouveau parti d'opposition *honnête et libéral* ne soit la queue ou le frère de l'ancien, et, dans vos avances patelines, je flaire comme un piège contre la liberté.

Dam ! écoutez donc ! *chat échaudé craint l'eau froide, et expérience est mère de prudence.*

Vous et les vôtres, noble douairière, vous nous avez déjà joués une fois... que dis-je, une fois ? c'est mille fois, c'est toujours, que je devrais écrire... et je ne vois rien chez vous... au contraire !... qui me prouve et me garantisse que vous soyez aujourd'hui plus sincère que jadis.

A mon modeste avis, le peuple aurait grandement tort, s'il se laissait prendre à votre glu et s'il avait la bonhomie de pactiser encore avec vous. Il l'a fait en 1863, et je me demande en vain ce qu'il y a gagné de favorable à ses intérêts.

Ce sont vos deux hommes, MM. Thiers et Berryer, qui ont arraché au gouvernement son fameux JAMAIS, et c'est pour votre plus grande joie que l'Etat paie grassement les cardinaux et que les soldats français montent la garde au Vatican, où Pie IX ne resterait pas quarante-huit heures, si le peuple romain, rendu à lui-même et à son indépendance, pouvait librement manifester son opinion, sa volonté.

Je ne mets nullement en doute votre honnêteté, respectable *Gazette*; mais je n'ajoute qu'une foi des plus minces et des moins aveugles à vos belles protestations de libéralisme, estimant que si, dans votre for intérieur, vous vous croyez réellement libérale, cette flatteuse opinion que vous avez de vous-même ne peut être qu'une erreur involontaire, fruit d'une douce, mais fatale illusion de votre part.

Allons aux preuves, si vous le voulez bien.

Qu'est-ce qu'un parti libéral?

C'est probablement, à moins que les mots n'aient pas, pour les preux de la légitimité, le même sens et la même signification que pour le vil troupeau de la plèbe, un parti ami de la même liberté.

Mais qu'est-ce que la liberté?

Je suppose que c'est le droit, pour chacun, de penser, de dire, d'écrire et de faire tout ce qui lui passe par la cervelle, en tant que ce tout ou quelque chose de ce tout ne porte aucun préjudice aux droits, aux biens légitimement acquis, à l'honneur ou à la personne du prochain.

Si vous acceptez franchement et pleinement cette définition, dans son principe comme dans toutes ses conséquences, vous pouvez, dame *Gazette*, vous dire libérale ; je vous reconnais pour telle et je pense qu'il y a moyen de s'entendre amiablement avec vous, en vue d'arriver à une action commune et collective, lors de la prochaine campagne électorale.

Mais vous n'admettez pas cette définition.

Et, alors, je déclare hautement qu'au lieu de s'allier à vous, il faut vous faire la guerre, une guerre sans trêve ni merci, et repousser vos propositions avec énergie.

Dans votre bouche ou sous votre plume, honorable *Gazette*, le mot *liberté* signifie, pour vous et pour votre parti, le droit d'asservir les peuples, de les courber sous le joug et de les contraindre à ne penser que

selon le caprice ou la permission des prétendus représentants de Dieu sur la terre, Rois ou Prêtres.

En voulez-vous la preuve? Prenez la peine de relire, avec calme, si cela vous est possible, votre numéro du 6 juin, dont le contenu m'a déterminé à vous écrire ces pages, et vous reconnaîtrez vous-même, si vous êtes de bonne foi, comme j'aime à le supposer, que la liberté n'a pas, en France, de plus mortelle ennemie que vous.

Faut-il venir à votre aide et vous le démontrer, en mettant les points sur les i ?

Soit ! j'y consens; mais tant pis pour vous, si quelqu'indiscret, lisant ma lettre, vous aperçoit telle que vous êtes, dans toute la laideur de votre nudité, c'est-à-dire : délatrice de vos confrères, faisant l'infâme métier de mouchard et d'inquisiteur, remplissant le rôle de boule-dogue, aboyant contre vos adversaires, que vous dénoncez *bravement* à l'autorité, et cherchant à exciter le ministère public contre ceux qui se permettent d'élever une voix indépendante.

Vous avez, en effet, osé écrire ceci, à propos de mes *lettres d'un athée*, publiées dans le journal le *Peuple* :

Ce que nous voulons constater encore, « c'est que *le Pouvoir est armé de toutes les* « *lois nécessaires pour prévenir ces scanda-* « *les effrontés*, soit dans la presse, soit dans « les écoles, soit dans toute autre manifes- « tation, mais qu'il n'use guère de ces lois « que lorsqu'il s'agit de sa propre défense ; « car il professe, à cet égard, un système « de prétendue tolérance qui étend jusqu'à « l'athéisme les droits de la libre discus- « sion, en lui interdisant seulement l'inju- « re et l'outrage. *Or, nous soutenons, au* « *contraire, sans hésitation ni vains ména-* « *gements, que ce système est opposé à l'es-* « *prit et à la lettre de notre législation ;* que « la liberté même des cultes suppose le res- « pect de leur base commune, l'existence de « Dieu... » (1).

(1) Voir la *Gazette du Midi*, du 6 juin 1868.

Mais j'arrête cette citation, car elle m'entraînerait trop loin, et je laisse aux honnêtes gens de tous les partis, même de celui que vous représentez, dame *Gazette*, le soin de qualifier votre conduite, et je me borne à vous répondre que la loi ne proclame pas seulement la liberté des cultes, mais encore et au-dessus de celle-ci, liberté de conscience, laquelle ne serait plus qu'un vain mot, qu'un infâme mensonge, s'il n'était pas permis de faire dans la presse ce qui se fait dans les classes de philosophie de tous les lycées, c'est-à-dire d'exposer et de développer les arguments susceptibles de prouver la non-existence de Dieu. A votre tour, vous avez le droit d'essayer de prouver cette existence, et nul ne s'y oppose, votre serviteur moins que personne; mais respectez en nous le droit contraire et ne demandez pas la parole pour vous seule.

Vous vous sentez donc bien faible par vous-même, vous avez donc bien peur d'être battue, que vous appelez ainsi la force publique à votre secours?

Mais la vérité n'a besoin ni de gendarmes ni de geôliers, pour s'imposer aux hommes; et c'est avouer tacitement que l'on se croit dans l'erreur et que l'on commet une mauvaise action, que de vouloir bâillonner son prochain : les voleurs et les brigands, pour étouffer la voix de leurs victimes, n'agissent pas autrement, à l'égard des malheureux qu'ils dépouillent et qu'ils assassinent.

Comme tous ceux qui ne font pas précisément le bien ou qui trouvent leur profit dans les erreurs, dans l'ignorance de la foule, vous avez peur de la justice, de la lumière et de la raison ; comme aux hiboux, il vous faut l'ombre, la nuit et le silence....

Et vous vous dites *libérale* !... Allons donc! Vous avez perdu la tête, ou vous vous moquez indignement de vos lecteurs.

Si vous étiez réellement libérale, vertueuse et charitable *Gazette*, vous feriez comme moi, comme tous les hommes que n'aveugle pas le fanatisme et qui ont confiance dans les lumières de la raison : vous demanderiez la liberté pour toutes les opinions, laissant à la liberté elle-même le soin de guérir les blessures qu'elle peut faire ou de redresser les erreurs qu'elle peut semer sur sa route.

Cela vaudrait mieux et serait, dans tous les cas, plus honorable pour vous que le vilain métier que vous faites.

Faut-il maintenant relever l'accusation que vous portez contre moi, d'arborer le drapeau noir ? Faut-il vous dire que je ne connais pas de drapeau de cette couleur, mais seulement des hommes noirs, qui sont vos amis et dont je combattrai sans relâche les principes tant que je pourrai tenir une plume ? ou qu'il me restera un souffle de vie dans la poitrine,

Et, puisque vous avez eu l'imprudence de parler de drapeau, faut-il vous rappeler l'histoire du vôtre, l'histoire de ce drapeau blanc fleurdelisé, que vous essayez en vain de dissimuler sous d'habiles formules, sous d'hypocrites protestations de libéralisme ?

Mais non ! pareille besogne est inutile, car ce drapeau de la prétendue légitimité, ce drapeau blanc que vous avez au fond de votre poche, pour le sortir à l'occasion, quand l'heure vous semblera propice, chacun sait dans quelle fange sanglante, dans quelles orgies immondes il a été traîné et roulé par ceux-là mêmes qui ont tous vos regrets, par vos Majestés de bon plaisir et de droit divin, et j'ai mieux à faire que de perdre mon temps à retracer ici les hontes, les turpitudes, les horreurs, les infamies, les massacres qui se sont commis à son ombre ou sous sa protection.

Gardez-le, votre drapeau blanc, si vous y tenez tant, mais cachez-le soigneusement, et, surtout, ayez au moins le bon esprit de ne jamais agiter le spectre de la Terreur, car vous pourriez me forcer à vous rappeler que votre Terreur blanche a été plus infâme, plus basse et plus lâche que celle de la Convention. Les révolutionnaires avaient une excuse, car ils frappaient les *ennemis de la France*, pour défendre et pour *sauver la Patrie*, sur laquelle faisaient feu vos princes et vos amis ; mais ces derniers, qui, rentrés sur le sol national à la queue des Cosaques n'ont tué, massacré et pillé que poussés par de vils sentiments de rage, de haine et de vengeance, quelle excuse invoqueraient-ils ?

Ah non ! ne parlez pas de la Terreur, car le sang des victimes immolées par les ordres de vos Bourbons pourrait vous remonter à la gorge et s'échapper de votre bouche, pour apprendre au peuple ce qu'il aurait à espérer d'une nouvelle Restauration.

Et c'est quand vous nous forcez à remuer de tels souvenirs, que vous venez parler au peuple de fusion, d'union *libérale* avec vous !

Mais vous le prenez donc pour un imbécile, incapable de réflexion et de raisonnement.

Ah ! sachez-le bien, magnanime et chevaleresque *Gazette*, vaillante pourfendeuse d'athées et de matérialistes, aspirante auxiliaire du Saint-Office, le peuple n'a rien oublié des hauts faits de vos nobles patrons ; il saura se défendre, se tenir en garde contre vos intrigues, déjouer vos complots liberticides et ne plus vous servir de dupe ni de marchepied.

Et néanmoins, dame *Gazette*, je le dis comme vous : il faut, aux prochaines élections, — qu'elles aient lieu à leur échéance constitutionnelle de 1869, ou avant la fin de la présente année — il faut s'opposer aux candidatures officielles, — que vous patronneriez cependant, si le Pouvoir allait recruter ses élus dans les rangs de vos amis ou s'il vous promettait l'extermination des athées, — oui ! il faut s'opposer aux candidatures officielles et empêcher, par tous les moyens légaux, l'élection des créatures ministérielles. Mais est-il nécessaire, pour cela, d'obéir à votre mot d'ordre ? est-il indispensable que les démocrates radicaux, les républicains, socialistes ou non, aillent faire cause commune avec vous, dans vos ténébreux conciliabules, où l'on n'entend que des paroles de haine et de malédiction contre la révolution, le socialisme et la libre pensée ?

Non point !

En présence de l'urne électorale, aucun parti — pas plus le blanc que le rouge ou le bleu — ne doit abdiquer ou se mésallier.

Il faut, je le répète, que chaque groupe politique puisse se compter au grand jour, en votant librement, pour les hommes de son choix. C'est là le seul moyen de connaître le véritable état de l'opinion publique.

Et ne redoutez pas la multiplicité des candidats. Plus il y en aura au premier tour, plus le protégé, le favori du gouvernement aura de chances d'être battu.

Ce n'est jamais qu'au deuxième tour de scrutin que s'engage la lutte sérieuse et définitive.

Alors, sans prendre aucun engagement de principes avec personne, mais par le simple effet d'une tactique naturelle, chaque groupe, gardant respectivement son indépendance et sa dignité, reporte en masse ses voix isolées sur celui des candidats opposants, quel qu'il soit, qui a obtenu le plus grand nombre de suffrages, et la victoire reste acquise à l'opposition.

Mais consentiriez-vous, ô *Gazette !* à voter pour un *rouge*, si l'un de ces *monstres* l'emportait sur votre candidat ? Il est, au moins, permis d'en douter.

Et c'est cependant là ce que vous devriez faire, si vous étiez réellement sincère, en proposant une action commune aux diverses opinions opposantes.

Mais votre prétendue opposition *honnêtement libérale* n'est qu'une opposition de coterie, une opposition pour rire, bonne seulement à amuser, à endormir le peuple.

Ce que vous voulez, ce que vous cherchez, ce n'est pas la liberté, mais le Pouvoir; et, plutôt que de donner vos voix à un démocrate radical, vous appuieriez des deux mains tous les candidats du gouvernement, si antipathiques que puissent vous être leurs personnes.

N'est-ce pas de votre camp, clérical et monarchique, que sont partis les applaudissements qui ont accueilli le coup d'Etat et salué la chute, la ruine et la mort de la République?.....

Vous voulez bien de la fusion, mais à la condition d'y faire la loi, d'y parler en despote et d'imposer vos hommes.

Or, vos hommes, on les a vus à l'œuvre, approuver les *merveilles* du chassepot et condamner les conquêtes de la science moderne, on les a jugés et l'on n'en veut plus. Si vous persistez à les mettre en avant, on les rejettera; et si, grâce à vos manœuvres, grâce aux divisions que vous sèmerez parmi les hommes qui ne veulent ni du drapeau blanc ni des candidatures officielles, ces dernières sortaient victorieuses du scrutin, ce serait à vous qu'il faudrait s'en prendre, ce serait sur vous et sur votre parti que devrait retomber la responsabilité des nouvelles blessures qui pourraient en résulter pour la cause de la liberté.

Allez, allez, dame *Gazette!* ne venez pas vous fourvoyer dans les rangs de l'opposition libérale; ce n'est pas là votre place; restez fidèle à votre principe d'autorité et votez avec le Pouvoir. Il fait trop bien vos affaires, pour que vous puissiez l'abandonner, et vous seriez ingrate si vous oubliiez que c'est pour vous faire plaisir qu'il maintient le pape sur son trône.

Allez, allez! rattachez-vous à l'Empire : prouvez-lui votre reconnaissance, en votant à son gré, en laissant les démocrates s'entendre entre eux et avec ceux qui ne contemplent pas toujours, comme vous, le buste du comte de Chambord. Avec ceux-là, on peut entrer en rapport et, par de mutuelles concessions, arriver à une entente amiable.

Mais avec vous? jamais! C'est et ce sera toujours la guerre! et les chefs de la démocratie marseillaise commettraient une grave erreur, une grande faute, s'ils s'alliaient de nouveau avec vous, qui ne demandez la liberté que pour l'étouffer sous un capuchon ou sous un éteignoir, et pour faire de la France un immense couvent de capucins ou de jésuites, comme le gouvernement en a fait une caserne.

Allez! embrassez-vous avec lui, et que cela finisse! Mais, surtout, hâtez-vous de baisser le rideau sur votre comédie, si vous ne voulez entendre bientôt les huées et les sifflets du peuple retentir à vos oreilles.

Sur ce, vénérable *Gazette*, je vous tire ma révérence très-humble et vous présente mes salutations.

Ad. Royannez.

P.-S. — Après avoir employé une semaine à dénoncer le *Peuple*, le rédacteur de la *Gazette du Midi*, apprenant les poursuites dirigées contre nous, a déclaré, dans son numéro du 21 juin, que, juré, il nous acquitterait. Cela est très-bien. Mais n'eût-il pas été mieux de s'abstenir de nous signaler à l'administration ?

Ad. R.

MARSEILLE. — IMPRIMERIE COMMERCIALE, RUE VACON, 46.